Forlag: BoD – Books on Demand, Hellerup, Danmark

Tryk: BoD – Books on Demand, Norderstedt, Tyskland

ISBN: 978-87-4305-365-1

Indholdsfortegnelse:

Hvem Er Jeg?

Hvem er jeg?
Vil nogen svare i stedet for mig?
Er jeg overhovedet en rigtig dreng?
Med tag over hovedet, men tildækket af regn

Er jeg en kunstner, har en ond ånd mon svækket mit tegn?
Rart at vide, jeg er elsket, men skal jeg vente på at sætte mit sejl?

Jeg går på en vej skabt af Gud, men jeg føler mig dog tit blændet på vejen
Er jeg fortabt eller frelst, og er skæbnen et menneskeskabt koncept og en fejl?
Grin og gråd er der nok af, dog sjældent til mig, så jeg spørger igen:
Hvem er jeg?

Pensum På Papir

Det blev kaldt en buffet for øjnene af mig
Men der blev kun serveret rejer og fisk
Hist og her var der heldigvis rødspættefileter, men det var vist altid seafood
I udskolingen fattede jeg aldrig, hvorfor lærerne havde brug for uddannelse
Bare for at belære mig om engelsk grammatik, som jeg lærte i tredje klasse
Hvorfor skal vi lære det her?
"Fordi I kan komme til eksamen i det"
Hvad er meningen med skole?
"Det er almen dannelse"
I am, you are… en ubrugelig tutor
He, she, it is… det' der intet fedt ved
For nogle var det utroligt spændende, og nogle havde nemt ved det
For mig var skolebænken ofte bare et ubrugeligt fængsel
Det var dog ikke alle fangevogterne, der var såre elendige
Nogle af dem havde knækket koden let og viste respekten
Men hvor godt jeg end selv klarede mig i skolen
Fandt jeg meningen med det knap så ofte
For mig, skabte det at skulle gennemføre et pensum, for at bestå
En følelse af, at jeg var intet mindre
End et lam på sin gang mod slagterblokken
Ka' vi ik' bare snak' som voksne?
For det her miljø er der noget klamt og koldt ved
Jeg siger tak til folket, der skabte vedholdenhed
Så jeg ku' jagt' mit mål med magt og stolthed
For skal man nå langt i livet, må man få lagt sit håndled
På et andet papir end det fra den foragtelige boldgade

Mørkets Spejl

Engang åndede alt fred
Verden blev reflekteret i lysets spejl
For nogle virker det som vanvid
For mig er det en idyllisk egn
Men en dag faldt der et forfærdeligt mørke fra fritænkende hjerter
Og spejlet blev dømt til at reflektere en verden, der hylede og skreg
Det blev derefter formørket, fortørnet, smadret og skubbet hen i hjørnet
Det blev låst fast med lænker og indhyllet i fejl
Men sidenhen kom en udvej for udskud som mig
For skårene får værdi, hvis de tør at sætte sejl
Hvis de vil tro på Skaberen af lysets tegn
Se! En, der kommer til mig og spørger om vej
Måske er det et ensomt menneske, der ser livet som en sørgelig fejl
Eller måske er det endnu en, der vil blive reddet fra pinen i mørkets spejl

Rig Med Urimelige Rim

Jeg er så dødtræt af de indholdsløse fødselsdagsrim
Køkkenmaskine, køb medicin, ønsket at skrige, løb en halv time
Alt for ofte har poesien et vakkelvornt fundament i dets enderim
Sæt en stil, send et smil, vælg en pige, blænd et svin
Folk, der tror, at "klip" rimer på "skib
Og "komodovaran" rimer på "roligan"
Sodavand, slog min tand, konen vandt, tro det' sandt
Jeg synes bare, vi bør revolutionere vores generelle forståelse af rim
Blå benzin, skål i vin, gået i hi, lånebil
Når ligegyldig digtanalyse sover ind, og I finder min poesi
Så står det med stil
For det' hårdt nok at blive vist bort i sin pine
Men man får energi af de sår, folk vil gi'
Så vig bort, hellere tie, end at såre den pige
I forstår som servil, for det slår mig jo lige
At i stormen af grin, og i fortet af svig
Bliver man sort indeni, men det sorte er forbi
Når man vågner fra skrig midt i tordenens hvil
Og det går op for en, at man er ordentlig fri

Svaghedens Sagtmodige Stemme

Vær sød at fortælle mig
Hvordan du er blevet skabt præcis, som du skal være
Hvordan du fra top til tå er unik på din helt egen måde
Hvorfor hviler du ikke i dig selv?
Når ingenting ind i dit indre?
Spejler din sjæl sig i sociale strukturer og skønhedsidealer?
Hvis du ligner dem, hvem ligner så dig?
Eksisterer du så længere?
Giv i stedet dem lyst til at ligne dig i ord og handling
Vær den positive forandring, de ønsker at se i verden
Vis kærlighed, hvor verden sår had
Vær vis med en kær lighed, der heler de sår, hver af dem havde
Hellere finde en grund til at be', end at begrunde et uheldigt fund
Hellere sætte baren for højt, end at kalde højde for "bare et tilfældigt mål"
Kæmp med længsel, ændr fængslet, spænd dit bælte og hæv dit selvbillede
Vær ikke sagtmodig, men få det sagt modigt
Glem svaghed, for det skal ikke hedde sig, at du er svag
Vi ses, min ven
Du er en, jeg sent vil glemme
Få blikket vendt og sindet gemt
Tak for alt, og lev så vel

En Sand Ven

Jeg fryder mig over hvert sekund, dit hjerte slår
Ved din fødsel må dine forældre have tænkt
"Hvilket fantastisk, umådeligt, hjertevarmt og smukt barn, verden får"
Jeg hæver mine øjne, når du sænker dit blik
I et nådigt ønske om, at din smerte forgår
Hvis din tåre falder, så kæmper mit sind
For jeg søgte en ven, og du er den særligste sort
Hvis der er forfærdelig torden i dit liv, så venter jeg lidt
Men jeg håber, jeg ka' ændre den til den kærligste storm
For du gør en verden til forskel, du er min helt nummer et
Lad andre undres, retfærdigheden anes
For du var den første, jeg ikke havde svært ved at tale med
Jeg har aldrig mødt en så særlig som dig
Så på det punkt, kan man sige, at du er ligesom mig
Hver dag takker jeg Gud for, at han har velsignet min vej
For indtil nu, er jeg aldrig stødt på en pige som dig

Hjertets Tomhed

Det er i sjælens kamp, at jeg løsner min hårdhed
Selv når mælet bliver tabt, vil jeg ønske, jeg forstår det
For gennem min sang er jeg født til at forme
En uendelige trang til at synge om min sårede tid
Jeg tæller i takter og begynder med forsiden
Den helligste magt giver mig lyst til at fortsætte
Med blækket på arket, så løfterne står tæt
Jeg sender en tanke og søger et klokkeslæt
Vender mit ark om, men føler mig omvendt
Jeg er venner med Carlos, og Fyn var enormt fedt
Jeg ender tit starstruck, men skynder mig og når livet
Jeg kender ik' fremtiden, men løber fra fortiden
Så selvom det tar' tid, så øges min stolthed
Men jeg vil hellere blive slagtet, end at føle hjertets tomhed

Vekselvirkning

Den hvide dag er så larmende
Jeg rejser mig udhvilet
Støjen vider sig og klinger
Det er lyden af mit bankende hjerte
Det er mine indre tanker, hvis ægthed føder
Et verdensperspektiv, der sætter pris på poesiens polyfoni
Hvert ord og hver vejrtrækning er værd at sætte værn om
Mændene står blandt mennesker, men et skår fandt selv sin vej
Skreg ik' af skræk, men satte skarpt dets skræddersyede historie i skak
Fortalte om fortid og fremtid og talte for tid og fremskridt
Formår at ta' chancen, det står nu distancen
Så hårfin en grænse, at det når diligencen
Får formet en branche og får dets revanche
Så forterne vakler for formløse stakler
I stormen af tanker måtte hånden blive rakt op
Først stakåndet, så stak Ånden en kongesøn kræfter
Så sorg blir' til sang, og det sorte får sin kamp
For det sorte får var lammet, men overlevede at blive slagtet
Blev blot blottet mens himlen stod blåt over seancen
Men nu jager det i hjertet som så koldt går i trance
Så såre sårene går erfaring fra usårlige magter
Kan hjertet føle kærlighed, hvis man dårligt nok har et?
Er idéen om skærsilden en jordisk ignorance?
Interferens eller vekselvirkning? Jeg tror, det' det samme
Det brændte i sjælen, det foragtede dets udtryk og ansigt
Det må have været 9/11, for tårerne, de faldt ned
Men I sidste ende ku' sejren fornemmes med dets hårdhed indkapslet
Hvis du kigger for længe i spejlet, så glem det - du sårer din elegance
For nu har skåret dannet en alvorlig alliance
En mening, som det i sandhed nok altid har manglet

Han Har Et Hjerte

Han har et hjerte
Et hjerte, der higer efter lykken, men græder når det finder den
Et hjerte, der vil gi' alt for en, som ikke vil ha' alt for intet
Et hjerte med et smil på læben, men med blod på tænderne
Et hjerte der satte ild i skæbnen, og som sloges med mængderne
Ejeren af dette hjerte vil ikke overdimensionere eller prale med det
Han nyder bare livet og fryder sig over, at han faktisk har et

Mænd Har Ingen Følelser

Folk spørger, hvor jeg får det fra, jeg svarer:
"Det kommer ud af det blå"
Folk spørger, om min lyrik vil ramme plet, jeg svarer:
"Det er et skud ind i tågen"
Folk spørger, hvem jeg er, jeg svarer:
"En ussel soldat, som Gud har benådet"
Folk spørger, hvorfor jeg gør det, jeg svarer:
"Jeg vil huskes for noget"
Folk spørger, hvordan det var at performe, jeg svarer:
"Du skulle have spurgt efter showet"
Folk spørger, hvordan jeg skrev min sang, jeg svarer:
"Aner det ik', men kuglepennen strålede"
Folk spørger, hvordan det er at være mig, jeg svarer:
"Som at finde guld midt i stråene"
Folk spørger, hvad andre kalder mig, jeg svarer:
"Helt skudt i låget"
Folk spørger, hvad der driver mig, jeg svarer:
"Folk som dig, der besudlede sproget"
For ingen spørger jo indtil, om jeg føler mig fuldt ud forstået

Dem Og Os

De ser passivt til og venter til gladiatorerne dør
Slår de eftersøgte ihjel, så de ka' bruge deres dusør
Når sandheden sætter stregen i sandet, så går de for langt
Jeg kræver et sæt af ører, men det' vist mere end nok at få forlangt

De er en flok kolde robotter, der har hjerter af sten
Snakker fællesskab og venner, men de sværmer alene
De indholdsløse toner i deres hoveder virker sejlivede
Når de spørger, om jeg' vil til højre eller venstre, siger jeg: "Sejl lige ud!"

De længes efter livets mål, men tar' ik', hvis jeg gir' dem det
Flår lænkerne af fødderne, for bare at blive låst inde igen
Deres øjne slås kun op for at slukke for alarmen
Mens sjælene i sindet blot bliver druknet af al larmen

Vi er en flok af gadedigtere, der skubber stenen op som Sisyfos
Elsker ordets kunst, hvis gnisten slukkes, går der ild i os
Vores mål er at tale for dem, der ik' kan tale for sig selv
For vi gør fjenderne til tracks og slår dem allesammen ihjel

De Virtuose Vidundere Vinder Sjældent

Med et vingesus afvikles et virtuost vindpust i mikrofonen
Uden problemer processerer han poesien til punkt og prikke
Nøje udvælges et utal af uimodståelige udtryk og udgjort udtale
Den kunst, han kreerer, konfronterer vores kampe og indre kulde

De folk, der føres frem for musikken, får fremtiden formet
Et lyspunkt af liv og lyst til at løfte det lyriske loft til noget lærerigt

Citronen i selvforståelsen blir' splittet og skåret til saftløse stumper
Alt det talentløse fortabes i tågen af hans takter og toner
Reddet af hverdagens helt og holdt ihærdigt fast af hans håndværk
Lige da man manglede et menneske med mod, må man mættes
Ordene først, for vi er en uddøende race med hovedet på blokken

Det Befriende Umiddelbare

Sjælen søger imens sandet i timeglasset langsomt forsvinder
En balancegang mellem takt og sang om sagnomspundne minder
En tendens til teknikaliteter, men en længsel efter at slå sig løs
Et mindset som en mester, men med et hjerte som en tåbelig knøs

En livsanskuelse, der siger: "Hellere ta' fra dig selv, for at gi' en ven"
Et glimt af fred i ånden, så han snart ka' føle sig fri igen

Fællesskabets Fangenskab

Hvor svært ka' det være at være det menneske, de forventer?
Jeg' så selvoptaget, tænker mest på vendinger og tekster
Mit liv var slemt, men jeg har lært af livets lektier
Så lægger vers uden at tænk' på deres meninger, som fængsler
Min hjerne vil fjerne smerten fra hjertets kolde tårer
Lige fra barn af har jeg terpet, så træerne vokser
Har værnet, vil være noget, ik' være nede
Noget værre noget, når vanvid opstår
For livet det koster
Gud har skabt en sjæl der bare venter på at fortæl'
Hvis jeg skull' ændre på mig selv, så ville jeg hellere slås ihjel
Betalinger til forandringer gør, at man ender med en gæld
Så manisk og forankrende, fra mig til dem er der et skel
Så jeg vil vælge mine venner helt med omhu
Uden dem blir' det til et tomrum
Jeg var nede, men det' helt godt nu
Ik den bedste, men det ser sådan ud
Jeg ka' aldrig være en anden end den Han sagde jeg sku' være
Så kærligheden er mit skjold, og min pen er mit sværd

Oxygen

Hvorfor venter jeg ved vinduet?
Vejen til venskab er vildrådig
Men dig? Rå? vild?
Hvis vintergækkerne visnede, ville jeg erstatte dem og værne om hver og en
Guds vidunder, et væld af venlighed
Hvor er det vanvittigt at vide
Hvilken verden, vi vælger, er vel et udtryk
Et udtryk for, hvor vores fantasi og værdi vindes
Hvorfor vælger jeg så verden, når himlen kalder?
Hvorfor vil jeg vente i mit vage tankeunivers?
Mit hjerte vil banke fem gange og vente
Vente på, at døren går op
Et glimt af fremtiden
Væbnet med vinger, men ude af stand til at flyve
Vil smide vingerne på sengen
Vandre ind i det univers, jeg ihærdigt forsøger at forstå
Hvem svarer, når stemmebåndet splintres som glasskår?
Min sjæl skriger efter vand, når jeg ser dine dualiteter
To grundstoffer uden forklaring
For verden taler ikke deres sprog
Da jeg mistede dit nærvær, mistede jeg en del af mig selv
Så nu er rejsen påbegyndt for at genvinde det fortabte

I Min Tankestrøm

Lyrik spindes og bindes med et vingesus… se mit hus…
Nej… le… nej… vidst' jeg ku'…
Sten… og… noget med trues… eller… nej… scenen skues… nej…
Den er der ik' helt endnu…
Hey - helt endnu… eller vent… nej… river mine ting itu… ej…
For sent at sluge… sluge hvad? Nej… det kan jo ikke du
Hvad med… for hvert skridt, der bruges… arg…
Nå… jeg må se at komme videre
Om lidt kommer veninderne jo

Skridt I Mørket

Et sæt fodspor
Det sitrer i fingrene
Et blåligt metalskær i månelyset
Dagens dosis af uvidenhed
Et hætteklædt mareridt
To sæt fodspor
Guds tjener i forvandling
Terapeutiske monologer af tomhed
Min engel i usynlig forklædning
Danser med skyggen af min egen eksistens
Skjulte pejlemærker i mit uforklarlige univers
Tilslørede tanker overladt til mørkets magt
Den ensomme digter drukner i sin fantasi
Et splitsekund af evigheden
Et sæt fodspor

Det Gamle Jeg

Endnu en dag han fordømmes af spejlet
En skingrende svaghed, for synderen har fejlet
Et selvværd så lavt, at det skær i skelettet
Lidt skældud, han skælver, det ser måske let ud

Han lænkes til handlingens hjemlige ansigt
Og selveste vanviden vidner om alting
De ting, han har sagt og de ting, han har hørt
Har indeni ham skabt et "efter" og "før"

Da tog han de tanker der tynged' hans timer
Og brolagde takter som pynt på papiret
Når natten forsvinder, så skinner dog solen
Hans fald bliver' til minder, så sindrig en tone

Så nu har han sagt, at han søgte en mening
Men løfter sin tak for, at Han løste problemet
Mod himmelens mål vil han sigte og skyde
Hør klangen af bønnernes evige lyde

Det Der Med

Det der med, at kærligheden er en sirlig glædesstrøm og nådesløs tyv
Der stjæler fra de fattige og evaporerer i luftrummets meningsløse tomhed
Det der med, at nattens søvnløse timer er et skingrende portræt af
menneskehedens finitte perception og kunnen
Det der med, at et sindrigt øjeblik på jorden
Kan være et herligt glimt af evigheden
Det der med, at jeg er en misforstået og ensom poet
Der overfortolker og river mit hjerte ud, for at glæde dem, der står det nært
Det der med, at…
Det der med, at jeg er blevet brændt ud af folk, der siger "det der med"
Det' dermed forbi, se noget nyt er blevet til
For hvad i alverden er "det der med" for et udtryk?

Hvis Jeg Var Et Træ

Hvis jeg var et træ, ku' vi leve i skoven
Tale sammen hver dag, så vi deles om sorgen
Men jeg er en fri fugl, der flyver fra flokken
Dog vælger jeg skoven, når byen får lokket

Et undskyld for alt, men jeg elsker min ven
Et træ så unikt at det selv kan bestemme
Om fuglen igen må ta' del i dets liv
Jeg tuder ik', men jeg vil be' om at blive
For du bød mig ind, da jeg rystede af kulde
Din krone gav læ, og jeg følte til fulde

Du fandt dig et træ, og det passer mig fint
En anden vej tages, jeg danner et smil
Et smil til den søster, jeg aldrig fik
Et grin og et løfte, et barnligt blik
Tak, at du agter mit næbs melodi
For sammen har vi skabt vores sjæles musik

Så længe jeg lever, er du i min bøn
Med venskab i venerne, jublen er skøn
Nu fløjter jeg glad, for du er i mit liv
Flyver højt, overtaget et kærligt motiv
I hjerternes mørke står stjernerne stille
Jeg troede, jeg var et træ, men det er jeg jo ikke
For vi havde ik' mødtes, hvis jeg var et træ

Hydrogen

Du var et lysglimt i mørket
En engel sendt fra Gud
Du så gennem min teatralske maske
Et øjebliksbillede af evigheden
Om Han tager, om Han giver
Samme Fader Han dog bliver
Du blev udslukket for øjnene af mig
Jordens reelle helvedesild
Brændemærkerne til påmindelse om livets skrøbelighed
Modgangen slår os i ansigtet, river os i kraven
Minder os om det sande hjem
Der er tusind stoffer og én af dig
Og jeg mangler stadig ilt til lungerne

Et Misforstået Misfoster

Du er seksuelt tiltrukket af mænd
Du vil aldrig få en kæreste
Du er ikke en rigtig dreng
Du er ikke elsket
Du er en taber
Du er et nul
Du er grim
Du er tyk
Det er i hvert fald, hvad jeg er blevet fortalt…
Men så faldt hvert et statement, de bragte, til jorden
Jeg vendte mig fra skæbnen, og slagted' med ordene
De tænkte, de ku' dræbe mig, men straks tog jeg roret
Jeg flænsede med stræben og samtlige toner
Var blændet, men sjælen kan sagtens se solen
Blev reddet og oprejst af Ham der' på tronen
Nu kender I sandheden, men skammen blev boende
I misforstår misfosteret, men jeg' i min zone nu

En Ensom Ener

En stilhed i nattens patetiske mørke
En kriger med tusinde tanker
Et billede af dagens frenetiske spørgen
Forbliver i huset, der vakler

Når søvnen, den kalder, vil hjertet til orde
Med rim, som det ikke fik frembudt
Det tøvende sind slår igen ned i bordet
I tidernes ånd er han fremskudt

Har du været kvalt af vor verdens fantomer?
Så vid, at den vej, du har gået
Er trådt af en anden, som gerne vil bruge dig
En Herre, jeg ej har forstået

Men jeg var alene og trættet af livet
Forkastede tabernes sold
Nu lever jeg trygt i mit dagdrømmeri
En ener i Skaberens hånd

Et Artistisk Skår

Hellere kunne se end kun at se et sekund
Hellere flyve alene med mén, end at falde sammen leende
Hellere være innovativ end ik' at have taget valg og initiativ endnu
Hellere løse problemer med hjælp end at være hjælpeløs
Hellere blive gal som ilden end at gøre noget illegalt
Hellere tie og sige ingenting end at sige ti intetsigende ting
Hellere bruge midlerne rettidigt, end at lægge bro på noget ret midlertidigt
Hellere prøve og så falde i fælden med lukket lem end at være lemfældig
Hellere løse noget med magt end at være magtesløs
Hellere bruge onomatopoietika, end at opnå hvad enhver poet, de ka'
Hellere blive i et ægteskab end aldrig at skabe noget ægte
Hellere løse enhver skandale end at være skandaløs
Og hellere være et artistisk skår end at være skåret af enhver indbildsk art
For det er sidste gang, jeg slår med livets terning
Så står det så tindrende klart

En Ven, Du Kan Tale Med

Jeg troede, jeg havde fodfæste i verden og ku' kæmp' for min sag
Men det er ikke nemt at elske, hvis man slet ikke har venner tilbage
Tusinde trætte og tågede nætter, der vender tilbage
Imens målet for kampen blir' bittert og svagt
Jeg modtog moderkærlighed, men manglede mod og kærlighed
Dog så stoler jeg på den ærlighed, jeg er kendt for i dag
Jeg ville bestige livets bygning, men så væltede stilladset
Og som Spacy, så faldt mit hjerte fra den femte etage
Jeg trak selv vejret, men manglede selvværdet
For jeg har selv været en elleveårig glemsom soldat
Når alvor bliver al vor elende og tab, så opstår et sandslot, der ændres fatalt
For når bølgerne bruser: Igen blir' det kvalt
Når jeg hører den susen, så ender det galt
Et verdenssyn smadres som glasskår, og her står jeg
Fader vor, mit sande bånd, skal jeg vente på signal?
Skal jeg sætte kurs mod havet og kæntre gevalt
Eller sender Du planer, der genskaber alt?
Jeg er blot en ensom poet, og en som måske bare er venlig omtalt
En kriger uden sværd og skjold, men med pennen i slag
Et råb, et skrig, et håb, en pine, et tåbeligt smil, der er nænsomt betalt
For prisen for dovenskab er endt som egalt
Med ilden der brænder det selvglade stadie
Men prisen for vedholdenhed og kreativitet har en sagte susen, der siger
At stemmerne dømmer, men glemmer at høre, før ørerne tabes
Så jeg sigter mod stjernernes skinnende støv
Der blænder, men siger, at jeg ikke fortabes
Så sig, hvad I står for – jeg gemmer mig bagved
Min ejendom og egen dom, der sender en tale
En stemme så kraftig, at den mæler for de svageste
Med blæk så farlig, at mennesker bortjages
"Rejs dig og kæmp, så vi flænser ravagen!"
Jeg spejler mig selv i den selvsamme svaghed
Præcis lige så fint som Lina Sandell talte
Velsignelser – jeg kan ikke tælle dem alle
Men når lyset går ud uden nyhed fra Gud
Vil jeg huske mit navn og glemme min djævelske bagage
Jeg har kun alting at miste, men jeg er her til det sidste
Så sig til, hvis du mangler en ven, du kan tale med

Et Barn Af Gud

Jeg er et barn af Gud
Jeg kan svare for mig selv
Jeg er ikke en rigtig dreng, jeg er en rigtig mand
Jeg må se at få repareret det hul i taget
Jeg er en kunstner, den onde ånd må svækkes ved Ham
Jeg er elsket, så nu vil jeg sætte mit sejl
Jeg går på en vej skabt af Gud
Jeg må kigge fremad i stedet for at blændes af solen
Jeg er frelst, jeg tror på Guds plan og ikke på skæbnen
Jeg griner og græder, dog sjældent uden Ham, så jeg svarer igen: Jeg er Din!

Mon det vil ske, at vor verden forsvinder præcis som profeterne vidnede?
Selv tror jeg fast på mit endelige mål, så hvis ik' det' for sent til at sige det
Så spænder jeg bæltet, det sidste i mig råber: "I alting, så ske dog Din vilje!"
Hvad end du er min ven eller fjende, så håber jeg altid, vi ses oppe i Himlen

Jeg skrev dette for at gøre dig glad
Kærlig hilsen,
Sami